AF513065

संजीव कपूर का
खज़ाना

देसी मुर्ग़

अल्योना कपूर के सहयोग से

पॉप्युलर प्रकाशन
www.popularprakashan.com

राजपाल

पॉप्युलर प्रकाशन प्रा. लि. द्वारा प्रकाशित
301, महालक्ष्मी चेम्बर्स, 22, भुलाभाई देसाई रोड,
मुंबई - 400 026
खाना खज़ाना पब्लिकेशन्स प्रा. लि. के लिए

प्रथम प्रकाशन 2015

ISBN: 978-93-5064-348-8

डिज़ाइन : अंजली सावंत
फोटोग्राफी : भरत भिरंगी और मंगेश परब
अनुवाद : श्रीमती अश्विनी पटवर्धन
रेखांकन : व्हाइट स्पेस क्रिएशन्स

भारत में मुद्रित
सौरभ प्रिंटर्स प्रा. लि.
67 ए-68, इकोटेक, एक्सटेंशन-1
कासना, ग्रेटर नोयडा

सह-प्रकाशक
राजपाल एण्ड सन्ज़
कश्मीरी गेट, दिल्ली - 110006
Website: www.rajpalpublishing.com
Email: sales@rajpalpublishing.com

लेखक की कलम से

चिकन आजकल खाने के शौकीनों की पहली पसंद बन चुका है. चिकन के व्यंजनों के बिना नॉन-वेजिटेरियन दावत अधूरी सी लगती है. स्वादिष्ट और लज़ीज चिकन को कई अलग-अलग तरीकों से बनाया जा सकता है.

इस किताब में मैंने विभिन्न स्वाद, पसंद और अवसरों को ध्यान में रखते हुए देसी-स्टाइल में बने चिकन के कई व्यंजनों का संग्रह प्रस्तुत किया है. मुंह में पानी लाने वाला चिकन कोकोनट रसम, पार्टी फेवरेट चिकन काठी रोल, सुनहरे भूरे रंग वाले कुरकुरे कोली कारा वडई, सबका पसंदीदा कड़ाही चिकन, देसी कोंबडी आणि वड़ा और धुएं के स्वाद वाला कोयला चिकन ज़रूर बनाकर देखें.

हैप्पी कुकिंग!

अनुक्रमणिका

सूप्स

स्नैक्स

मेन डिश

चावल

कोली करूवेप्पलई सूप

सामग्री

500 ग्राम चिकन की हड्डियां

125 ग्राम हड्डी रहित चिकन

25 कढ़ी पत्ते, कटे हुए

1 मध्यम आकार का प्याज़, मोटा कटा हुआ

4-6 लहसुन की कलियां, मोटी कटी हुई

1 बड़ा चम्मच इमली का पल्प (पृष्ठ क्र. 95)

1 मध्यम आक़ार का टमाटर, कटा हुआ

1 छोटा चम्मच नमक

½ छोटा चम्मच हल्दी

1 छोटा चम्मच लाल मिर्च पाउडर

¼ छोटा चम्मच हींग

2 बड़े चम्मच बेसन

½ कप कद्दूकस किया हुआ नारियल

1 बड़ा चम्मच नींबू का रस

विधि

1 एक बड़े पैन में तेज़ आंच पर सात से आठ कप पानी गरम करें. इसमें चिकन की हड्डियां डालें और एक उबाल लाएं.

2 आंच को मध्यम कर दें और ऊपरी सतह पर उठने वाला झाग निकाल दें. धीमी आंच पर दस मिनट तक उबलने दें.

3 फिर इसमें प्याज़, लहसुन, इमली का पल्प, टमाटर, हड्डी रहित चिकन, नमक, हल्दी, लाल मिर्च पाउडर, हींग और कटा हुआ कढ़ी पत्ता डालें. इसे मध्यम आंच पर और पंद्रह मिनट तक उबलने दें.

4 अब इसमें से पके हुए हड्डी रहित चिकन को छेद वाले चम्मच से निकाल लें और सूप को और थोड़ी देर धीमी आंच पर उबलने दें. चिकन के टुकड़ों को ठंडा होने दें. ठंडे होने के बाद इसके छोटे-छोटे टुकड़े कर लें.

5 बेसन को पाव कप पानी में अच्छी तरह मिलाएं और फिर उसे उबलते सूप में डाल दें. पाव कप कद्दूकस किया हुआ नारियल डालें और अच्छी तरह मिला लें. ढककर दस से बारह मिनट तक उबालें.

6 पैन को आंच पर से उतार लें और सूप को छलनी से छान लें. सूप की सारी सामग्री को छलनी में अच्छी तरह दबाएं ताकि छने हुए सूप में सबका स्वाद उतर सके.

7 छने हुए सूप को एक गहरे नॉन-स्टिक पैन में निकाल लें. इसे मध्यम आंच पर गरम करें. फिर इसमें चिकन के छोटे छोटे टुकड़े डालें. चखकर मसाले स्वादानुसार कर लें.

8 मिश्रण में उबाल आने पर इसमें नींबू का रस और बचा हुआ कद्दूकस किया हुआ नारियल डालें. आंच पर से उतार लें.

9 सूप को बाउल्स में निकालें और गरमागरम पीने को दें.

चिकन कोकोनट रसम

सामग्री

500 ग्राम चिकन की हड्डियां

100 ग्राम हड्डी रहित चिकन, 1 इंच के चौकोर टुकड़े किए हुए

½ कप कद्दूकस किया हुआ नारियल

3 बड़े चम्मच इमली का पल्प (पृष्ठ क्र. 95)

2 मध्यम आकार के टमाटर, कटे हुए

नमक स्वादानुसार

2 बड़े चम्मच रसम पाउडर

8 काली मिर्च, कुटी हुई

1 छोटा चम्मच लाल मिर्च पाउडर

½ छोटा चम्मच हल्दी

15 कढ़ी पत्ते

2 बड़े चम्मच कटा हुआ ताज़ा हरा धनिया

2 बड़े चम्मच तेल

1 छोटा चम्मच राई

2-3 सूखी लाल मिर्चें, हाथ से दो टुकड़े किए हुए

विधि

1 नारियल को एक कप गरम पानी के साथ पीस लें. छानकर नारियल का दूध निकाल लें. इसे अलग रख दें. नारियल के बूरे को भी संभाल कर एक तरफ रख दें.

2 चिकन की हड्डियों को छह से सात कप पानी में पंद्रह मिनट तक उबालें.

3 ऊपरी सतह पर उठने वाला झाग निकाल दें. इमली का पल्प, टमाटर, चिकन के टुकड़े, नमक, रसम पाउडर, कुटी हुई काली मिर्च, लाल मिर्च पाउडर, हल्दी और दस कढ़ी पत्ते डालें. इसे आधा हो जाने तक उबलने दें.

4 अच्छी खुशबू आने पर रसम में नारियल का बूरा डालें. कटा हुआ ताज़ा हरा धनिया डालें और लगभग तीन से चार मिनट तक धीमी आंच पर उबलने दें.

5 आंच पर से उतार लें और इसे छान लें. छलनी में बची हुई सामग्री में से चिकन के टुकड़े निकाल लें और उनके आधे इंच के चौकोर टुकड़े कर लें. इन्हें सजाने के लिए अलग रख दें.

6 छने हुए रसम को फिर से गरम करें. नारियल का दूध डालकर इसे धीमी आंच पर दो-तीन मिनट तक उबलने दें. आंच पर से उतार लें और फिर इसमें चिकन के टुकड़े डालें.

7 एक छोटे पैन में तेल गरम करें. इसमें राई, लाल मिर्चें और बचा हुआ कढ़ी पत्ता डालें. तड़के को तैयार रसम पर उंडेल दें और तुरंत ढक दें ताकि सारे स्वाद रसम में अच्छी तरह धुल जाएं.

8 गरमागरम पीने को दें. रसम को और स्वादिष्ट बनाने के लिए इसमें नींबू निचौड़ें.

चिकन शोरबा

चिकन सूप

सामग्री

500 ग्राम चिकन की हड्डियां
100 ग्राम हड्डी रहित चिकन, ½ इंच के चौकोर टुकड़े किए हुए
1 प्याज़, कटा हुआ
1 गाजर, कटी हुई
1 तेज पत्ता
4 काली मिर्च
2 लौंग
1 बड़ी इलायची
4 हरी इलायची
1 इंच दालचीनी का टुकड़ा
2 बड़े चम्मच मक्खन
2 बड़े चम्मच मैदा
1 बड़ा चम्मच तेल
½ छोटा चम्मच जीरा
1 छोटा चम्मच दरदरी पीसी सौंफ
10 लहसुन की कलियां, कटी हुई
½ छोटा चम्मच सफ़ेद मिर्च पाउडर
¾ छोटा चम्मच नमक

विधि

1 चिकन की हड्डियां साफ करें और धोएं. तेज़ आंच पर एक गहरा नॉन-स्टिक पैन गरम करें. इसमें सवा चार कप पानी डालें.

2 चिकन की हड्डियां, प्याज़, गाजर, तेज पत्ता, काली मिर्च, लौंग, इलायची और दालचीनी डालकर मिश्रण में एक उबाल लाएं. इसे लगभग बीस मिनट तक या पानी उबलकर ढाई कप हो जाने तक उबालें. छानें और छने हुए स्टॉक को एक तरफ रख दें.

3 अब तेज़ आंच पर एक दूसरा मध्यम आकार का नॉन-स्टिक पैन गरम करें. इसमें एक बड़ा चम्मच मक्खन डालें और इसे पिघलने दें. फिर इसमें चिकन के टुकड़े डालें और उन्हें नरम होने तक भूनें. निकालकर एक तरफ रख दें.

4 कसार बनाने के लिए इसी पैन में बचा हुआ मक्खन डालें. मैदा डालें और दो से तीन मिनट तक भूनें. इसे भी अलग रख दें.

5 एक गहरे नॉन-स्टिक पैन में तेज़ आंच पर तेल गरम करें. जब तली में छोटे-छोटे बुलबुले दिखाई देने लगें तब जीरा, सौंफ और लहसुन डालें.

6 एक मिनट भूनें और फिर आंच को मध्यम कर दें. अब इसमें कसार, चिकन स्टॉक, सफ़ेद मिर्च पाउडर और नमक डालें. लगातार चलाते हुए पकाएं. मिश्रण को तेज़ आंच पर उबलने दें.

7 आंच को मध्यम कर दें और फिर इसमें चिकन के टुकड़े डालें. सूप को तीन से चार मिनट तक धीमी आंच पर उबलने दें. तैयार सूप को बाउल्स में निकालें और गरमागरम पीने को दें.

शेफ़ का सुझाव

इसे ज़्यादा स्वादिष्ट और पौष्टिक बनाने के लिए सर्व करने से पहले इसमें आधा कप ताज़ा क्रीम मिलाएं.

सोपा ग्रोसा

सामग्री

2 बड़े चम्मच काबुली चने
150 ग्राम हड्डी रहित चिकन, ½ इंच के टुकड़े किए हुए
4 कप चिकन स्टॉक (पृष्ठ क्र. 15)
2 बड़े चम्मच चावल
10 फ्रेंच बीन, बारीक कटी हुई
2 हरे प्याज़, बारीक कटे हुए
¼ पत्ता गोभी, लंबी, पतली कतरी हुई
2 टमाटर बारीक कटे हुए
½ कप ताज़े हरे मटर
1 छोटा चम्मच नमक
2 तेजपत्ते
8-10 काली मिर्च

विधि

1 काबुली चनों को एक कप पानी में रात भर भिगोकर रखें. फिर निथार लें.

2 एक नॉन-स्टिक पैन में तेज़ आंच पर एक कप पानी में काबुली चनों को गरम करें.

3 एक उबाल आने दें. आंच को मध्यम करें और दस से पंद्रह मिनट तक या काबुली चनों के नरम हो जाने तक पकाएं. इन्हें एक तरफ रख दें.

4 एक गहरे नॉन-स्टिक पैन में दो कप पानी लें. इसमें नमक, तेज पत्ता, काली मिर्च और चिकन के टुकड़े डालें और तेज़ आंच पर पकाएं.

5 एक उबाल आने दें. आंच को मध्यम करें और पांच से दस मिनट तक उबलने दें. चिकन के टुकड़ों को निकाल कर अलग रख दें.

6 स्टॉक को एक गहरे नॉन-स्टिक पैन में तेज़ आंच पर गरम करें. एक उबाल आने दें. आंच को मध्यम करें और फिर इसमें चावल डालें. चावल को पांच से सात मिनट तक या पूरी तरह पक जाने तक पकाएं.

7 अब चावल में सारी सब्ज़ियां, हरे मटर और पकाए हुए काबुली चने डालें. दो से तीन मिनट तक या चावल के गलकर नरम हो जाने तक पकाएं.

8 चिकन के उबाले हुए टुकड़े डालें और चार से पांच मिनट तक या सूप के गाढ़े होने तक पकाएं. गरमागरम सूप बाउल्स में निकालें और तुरंत सर्व करें.

चिकन स्टॉक

200 ग्राम चिकन की हड्डियों को 5 मिनट तक पानी में उबालें. छाने और पानी फेंक दें. ब्लांच की हुई इन हड्डियों को कटी हुई गाजर, सेलरी स्टॉक, लीक, 2-3 पार्सले स्टॉक, 6-7 काली मिर्च, 5-6 लौंग और 1 तेज पत्ते के साथ 10 कप पानी में उबालें.

ऊपरी सतह पर उठने वाले झाग को निकाल दें और उसकी जगह उतना ही और ठंडा पानी डालें. इसे लगभग 1 घंटे तक धीमी आंच पर उबलने दें.

आंच पर से उतारकर छान लें. ठंडा होने दें. ठंडा होने के बाद फ्रिज में रख दें. आवश्यकतानुसार इस्तेमाल करें.

चिकन 65

सामग्री

400 ग्राम हड्डी रहित चिकन, 1½ इंच के टुकड़ों में कटा हुआ

1 बड़ा चम्मच अदरक पेस्ट

1 बड़ा चम्मच लहसुन पेस्ट

1 छोटा चम्मच काली मिर्च पाउडर

1 छोटा चम्मच नमक

1 अंडा, फेंटा हुआ

2 बड़े चम्मच तेल + तलने के लिए

½ कप सादा दही

2 बड़े चम्मच कश्मीरी लाल मिर्च की पेस्ट

1 छोटा चम्मच मैदा

½ छोटा चम्मच राई

4 सूखी लाल मिर्चें, तोड़कर दो टुकड़े की हुई

15-20 कढ़ी पत्ते

¼ कप कद्दूकस किया हुआ नारियल

विधि

1 चिकन के टुकड़ों को बहते हुए पानी के नीचे अच्छी तरह से धो लें. कोलैंडर में रखकर इन्हें अच्छी तरह से निथार लें. फिर इन्हें एक बाउल में निकाल लें.

चित्र पृष्ठ क्र. 10 पर देखें.

2 इसमें अदरक की पेस्ट, लहसुन की पेस्ट, काली मिर्च पाउडर, नमक और अंडा डालें और अच्छी तरह मिला लें. आधा बड़ा चम्मच पानी डालकर फिर से मिला लें.

3 एक नॉन-स्टिक वोक में तेज़ आंच पर पर्याप्त मात्रा में तेल गरम करें. जब तली में छोटे छोटे बुलबुले दिखाई देने लगें तब आंच मध्यम कर दें.

4 फिर इसमें थोड़े-थोड़े करके चिकन के टुकड़े डालें. छेद वाले चम्मच से हिलाते हुए इन्हें तीन-चार मिनट तक या पूरी तरह पक जाने तक तलें.

5 निकालकर तेल सोखने वाले कागज़ पर रखें. एक बाउल में दही, कश्मीरी लाल मिर्च पेस्ट और मैदा मिला लें.

6 एक नॉन-स्टिक पैन में मध्यम आंच पर दो बड़े चम्मच तेल गरम करें. जब तली में छोटे छोटे बुलबुले दिखाई देने लगें तब पैन में राई, लाल मिर्चें और कढ़ी पत्ता डालें.

7 इनके तड़कने पर दही का मिश्रण डालें और अच्छी तरह मिलाएं. एक से दो मिनट तक भूनें.

8 अब इसमें चिकन के टुकड़े डालें और पांच से सात मिनट तक या सूख जाने तक पकाएं. कद्दूकस किया हुआ नारियल डालकर अच्छी तरह मिलाएं. गरमागरम सर्व करें.

चिकन काठी रोल

सामग्री

200 ग्राम हड्डी रहित चिकन, पतली पट्टियों में कटा हुआ

1½ छोटे चम्मच नींबू का रस

1 छोटा चम्मच लाल मिर्च पाउडर

1 छोटा चम्मच लहसुन पेस्ट

1 छोटा चम्मच अदरक पेस्ट

1 छोटा चम्मच गरम मसाला

4 हरी मिर्चें, कुटी हुई

½ छोटा चम्मच नमक

2 बड़े चम्मच तेल

1 छोटा चम्मच जीरा पाउडर

2 मध्यम आकार के प्याज़, फांकें किए हुए

1 मध्यम आकार की गाजर, पतली पट्टियां की हुई

4 फ्रोज़न रूमाली रोटी

4 बड़े चम्मच हरी चटनी (पृष्ठ क्र. 95)

2 बड़े चम्मच कटा हुआ ताज़ा हरा धनिया

विधि

1 एक बड़े बाउल में चिकन की पट्टियां लें. इसमें नींबू का रस, लाल मिर्च पाउडर, लहसुन पेस्ट, अदरक पेस्ट, गरम मसाला, हरी मिर्चें और नमक डालें. अच्छी तरह मिला लें.

2 बाउल को क्लिंग फिल्म से बंद कर दें और एक घंटे तक मैरिनेट होने दें. फ्रिज में रखेंगे तो बेहतर होगा.

3 मध्यम आंच पर एक नॉन-स्टिक फ्राइंग पैन में तेल गरम करें. जब पैन की तली में छोटे छोटे बुलबुले दिखाई देने लगें तब उसमें मैरिनेट किया हुआ चिकन डालें और बीच-बीच में चलाते हुए दस से बारह मिनट तक भूनें. जीरा पाउडर डालें और अच्छी तरह मिला लें. इसके चार समान भाग कर लें.

4 एक दूसरे बाउल में प्याज़ और गाज़र को मिला लें. इसके भी चार समान भाग कर लें और अलग रख दें.

5 काठी रोल्स बनाने के लिए सबसे पहले फ्रोज़न रूमाली रोटी को माइक्रोवेव HIGH पर एक मिनट तक गरम करें. फिर इसे किचन टॉप पर फैला दें.

6 इस पर एक बड़ा चम्मच हरी चटनी लगाएं. अब रोटी के बीच में पकाए हुए चिकन का एक भाग लंबाई में फैला दें. चिकन पर आधा बड़ा चम्मच कटा हुआ ताज़ा हरा धनिया फैलाएं.

7 हरे धनिये पर प्याज़ और गाजर के मिश्रण का एक भाग फैलाएं. रोटी को रोल करें और तुरंत सर्व करें.

कोली कारा वडई
फ्राइड चिकन वड़े

सामग्री

250 ग्राम हड्डी रहित चिकन
1 बड़ा आलू, उबालकर, छीलकर मसला हुआ
1 मध्यम आकार का प्याज़, कटा हुआ
2 बड़े चम्मच कटा हुआ ताज़ा हरा धनिया
10-12 कढ़ी पत्ते, कटे हुए
2 छोटे चम्मच अदरक पेस्ट
2 छोटे चम्मच लहसुन पेस्ट
नमक स्वादानुसार
तेल, तलने के लिए

मसाला

¼ कप कद्दूकस किया हुआ नारियल
2 हरी मिर्चें
4 सूखी लाल मिर्चें
6 काली मिर्च
2 इंच दालचीनी के टुकड़े
2 लौंग
¼ छोटा चम्मच जीरा
¼ छोटा चम्मच सौंफ
¼ छोटा चम्मच खसखस

चित्र पृष्ठ क्र. 20 पर देखें.

विधि

1 चिकन को अच्छी तरह साफ कर लें और फिर उसका कीमा बना लें. मसाले की सारी सामग्री को एक-एक करके नॉन-स्टिक तवे पर सूखा भून लें और फिर ठंडा होने दें. इसकी दरदरा पाउडर बना लें.

2 एक बड़ा बाउल लेकर उसमें चिकन के कीमे, आलू, प्याज़, कटे हुए हरे धनिये, कढ़ी पत्ते, अदरक पेस्ट, लहसुन पेस्ट और मसाला पाउडर को अच्छी तरह मिला लें.

3 इसमें स्वादानुसार नमक डालें और मिला लें. इसे लगभग आधे घंटे तक एक तरफ रख दें.

4 एक गहरे नॉन-स्टिक पैन में पर्याप्त मात्रा में तेल गरम करें.

5 चिकन के मिश्रण के चौबीस बराबर भाग कर लें और उनके गोले बना लें. गीली हथेलियों के बीच में रखकर दबाते हुए इन गोलों की थोड़ी चपटी टिकिया बना लें. एक बार में पांच-छह टिकिया गरम तेल में छोड़ें.

6 इन वडई को तेल में मध्यम आंच पर सुनहरा भूरा होकर पूरी तरह पक जाने तक तलें. निकालकर तेल सोखने वाले कागज़ पर रखें. अपनी पसंद की चटनी के साथ गरमागरम सर्व करें.

शेफ़ का सुझाव

छोटे आकार की कोली कारा वडई एक परफेक्ट कॉकटेल स्नैक है.

मुर्ग़ ग़िलाफ़ी टिक्का

सामग्री

400 ग्राम हड्डी रहित चिकन ब्रेस्ट, 2 इंच के चौकोर टुकड़े किए हुए

5 बड़े प्याज़

1 इंच अदरक

10-15 लहसुन की कलियां

3-4 हरी मिर्चें, कटी हुई

2 बड़े चम्मच कटा हुआ ताज़ा हरा धनिया

200 ग्राम दही

1 छोटा चम्मच लाल मिर्च पाउडर

1 छोटा चम्मच हल्दी

1 छोटा चम्मच नमक

1 छोटा चम्मच बेसन

3 मध्यम आकार के टमाटर, बीजें निकालकर 2 इंच के टुकड़े किए हुए

3 मध्यम आकार की हरी शिमला मिर्च, 2 इंच के टुकड़े किए हुए

½ कप तेल

6-8 लौंग

2 एक इंच के दालचीनी के टुकड़े

2 तेज पत्ते

5-6 छोटी इलायची

2 बड़े चम्मच ताज़ा क्रीम

10 लकड़ी की सीख़

विधि

1 चिकन को बहते पानी के नीचे अच्छी तरह धो लें. कोलेंडर में रखकर निथार लें. सोख़्ता कागज़ से पोंछकर सुखा लें.

2 सॉस बनाने के लिए तीन प्याज़ बारीक काट लें और बचे प्याज़ों के दो इंच चौकोर टुकड़े कर लें. परतें अलग कर लें.

3 एक ब्लेंडर जार में अदरक, लहसुन, हरी मिर्चें और कटा हुआ हरा धनिया डालें. फिर इसमें दो बड़े चम्मच पानी डालें और पीस कर चिकनी पेस्ट बना लें.

4 एक गहरे बाउल में चिकन के टुकड़े रखें. इसमें दही, पिसी हुई पेस्ट, लाल मिर्च पाउडर, हल्दी और नमक डालें. अच्छी तरह मिलाएं ताकि चिकन के टुकड़ों पर मैरिनेड अच्छी तरह से लग जाए.

5 बाउल पर क्लिंग फ़िल्म लगा दें. इसे एक घंटे तक फ्रिज में रखकर मैरिनेट होने दें. लकड़ी की सीखों को पानी में डालकर रखें.

6 मैरिनेड में से चिकन के टुकड़े निकाल लें और मैरिनेड को बचाकर रखें. बचाकर रखे हुए मैरिनेड में बेसन डालें और अच्छी तरह मिला लें. इसे एक तरफ रख दें.

7 सीखों में चिकन के टुकड़ों और सब्ज़ियों को इस क्रम में पिरोएं : प्याज़, चिकन, टमाटर और शिमला मिर्च.

8 तेज़ आंच पर एक नॉन-स्टिक ग्रिल पैन गरम करें. इसमें चार बड़े चम्मच और दो छोटे चम्मच तेल डालें. जब पैन की तली में छोटे-छोटे बुलबुले दिखाई देने लगें तब सीखों को पैन पर रखें और एक मिनट तक पकाएं.

9 आंच मध्यम कर दें और सीखों को पलटते हुए पांच से छह मिनट तक या चिकन के टुकड़ों के अच्छी तरह पक जाने तक पकाएं. चिकन के टुकड़ों और सब्ज़ियों को सीखों में से निकालकर एक तरफ रख दें.

10 मध्यम आंच पर एक नॉन-स्टिक पैन गरम करें. इसमें दो बड़े चम्मच तेल डालें. लौंग, दालचीनी, तेजपत्ता और इलायची डालकर एक मिनट तक या खुशबू उठने तक भूनें.

11 कटा हुआ प्याज़ डालकर तीन से चार मिनट तक या सुनहरा भूरा होने तक भूनें. अब इसमें बचाकर रखा हुआ मैरिनेड डालें और चलाते हुए सॉस के गाढ़े होने तक पकाएं.

12 ग्रिल किया हुआ चिकन और सब्ज़ियों के टुकड़े डालकर एक दो मिनट और पकाएं. ताज़ा क्रीम डालें और हल्के हाथों से मिला लें. गरमागरम परोसें.

मुर्ग़ के शामी

सामग्री

600 ग्राम चिकन का क़ीमा
5 बड़े चम्मच चने की दाल
2 मध्यम आकार के प्याज़, कटे हुए
1½ बड़े चम्मच कटा हुआ ताज़ा हरा धनिया
1½ बड़े चम्मच कटा हुआ ताज़ा पुदीना
2 छोटे चम्मच नींबू का रस
2 बड़े चम्मच तेल + शैलो-फ्राय करने के लिए
½ छोटा चम्मच जीरा
½ छोटा चम्मच धनिया
5-6 काली मिर्च
3-4 बड़ी इलायची
2 इंच अदरक, बारीक कटा हुआ
10 लहसुन की कलियां, बारीक कटी हुई
2 छोटे चम्मच लाल मिर्च पाउडर
½ छोटा चम्मच गरम मसाला
½ छोटा चम्मच जावित्री-इलायची पाउडर
नमक स्वादानुसार

विधि

1 चिकन का क़ीमा धोएं और निथार कर अतिरिक्त पानी निकाल दें. क़ीमे को एक तरफ रख दें. चने की दाल को डेढ़ कप पानी में कम से कम तीन घंटे तक भिगोकर रखें. फिर निथारकर इसे भी एक तरफ रख दें.

2 भरावन बनाने के लिए एक बाउल में कटे हुए प्याज़, कटे हुए हरे धनिये, पुदीने और नींबू के रस को मिला लें. इसके सोलह बराबर भाग करें और इन्हें भी एक तरफ रख दें.

3 एक नॉन-स्टिक पैन में दो बड़े चम्मच तेल गरम करें. इसनें जीरा, धनिया, काली मिर्च और इलायची डालें. मध्यम आंच पर आधे मिनट तक भूनें. फिर इसमें कटा हुआ अदरक, लहसुन और लाल मिर्च पाउडर डालें.

4 चिकन का क़ीमा और निथारी हुई दाल डालें. दो कप पानी डालें और एक उबाल आने दें. आंच कम कर दें और ढककर दाल के पूरी तरह गलकर नरम हो जाने तक पकाएं. मिश्रण को तेज़ आंच पर लगातार चलाते हुए पकाएं ताकि वह सूखा हो जाए.

5 आंच पर से उतार लें और ठंडा होने दें. चिकन और चने की दाल के मिश्रण को मिक्सर में चिकना होने तक पीसें. यदि मिश्रण अभी भी चिपचिपा या गीला लग रहा हो तो उसमें भुना हुआ बेसन या भुने हुए चनों का पाउडर डालें. गरम मसाला, जावित्री-इलायची पाउडर और नमक डालें. अच्छी तरह मिलाएं और चखकर मसाले स्वादानुसार कर लें.

6 इसके सोलह समान भाग कर लें. अपनी हथेली पर चिकन मिश्रण का एक भाग लेकर उसे चपटा करें. इसके बीच में प्याज़ के भरावन का एक हिस्सा रखें. इसका गोला बना लें और फिर हल्के से इसे चपटा कर लें.

7 एक नॉन-स्टिक पैन में तेल गरम करें और उसमें चिकन शामी को सुनहरा भूरा होने तक शैलो फ्राय करें. प्याज़ के छल्लों और पुदीने की चटनी (पृष्ठ क्र. 95) के साथ सर्व करें.

पंखरी कबाब

सामग्री

16 चिकन विंग्स और शोल्डर (पंखरी)

पहला मैरिनेड

1 बड़ा चम्मच अदरक-लहसुन पेस्ट
नमक स्वादानुसार
2 छोटे चम्मच सफ़ेद मिर्च पाउडर

दूसरा मैरिनेड

100 ग्राम प्रोसेस्ड चीज़, कद्दूकस किया हुआ
1 अंडे की सफ़ेदी
1 कप क्रीम
1 बड़ा चम्मच अदरक-लहसुन पेस्ट
नमक स्वादानुसार
2 बड़े चम्मच सफ़ेद मिर्च पाउडर
1 छोटा चम्मच दालचीनी पाउडर
4 हरी मिर्चें, कटी हुई
2 बड़े चम्मच पिघला हुआ मक्खन

विधि

1 चिकन के विंग्स और शोल्डर (पंखरी) काटें और साफ करें. धोएं, पोंछकर सुखाएं और फिर एक तरफ रख दें.

2 पहला मैरिनेड बनाने के लिए एक बाउल में अदरक-लहसुन पेस्ट, नमक और सफ़ेद मिर्च

पाउडर मिला लें. यह मिश्रण चिकन पर अच्छी तरह लगा लें और चिकन को एक घंटे तक फ्रिज में रखकर मैरिनेट होने दें.

3 दूसरा मैरिनेड बनाने के लिए एक ट्रे लें और उसमें चीज़ रखें. इसमें अंडे की सफ़ेदी डालें और हथेली से एक ही दिशा में रगड़ते हुए मिला लें. धीरे-धीरे करके इसमें क्रीम डालें ताकि वह चीज़ और अंडे के मिश्रण में अच्छी तरह मिक्स हो जाए.

4 फिर इसमें एक-एक करके अदरक-लहसुन पेस्ट, नमक, काली मिर्च पाउडर, दालचीनी पाउडर, हरी मिर्चें और पिघला हुआ मक्खन डालें और अच्छी तरह मिला लें.

5 चिकन पर यह मैरिनेड अच्छी तरह लगा दें और चिकन को फिर से एक या दो घंटे के लिए फ्रिज में रख दें.

6 अवन को 200°C/400°F/गैस मार्क 6 पर पहले से ही गरम कर लें.

7 मैरिनेट किए हुए चिकन को एक-एक इंच की दूरी पर सीखों में पिरो दें. फिर इन्हें पहले से गरम किए हुए अवन में पंद्रह मिनट तक या मध्यम गरम तंदूर में या चारकोल ग्रिल पर चार से छह मिनट तक पकाएं.

8 सीखों को निकालें और थोड़ी देर तक लटका कर रखे ताकि अतिरिक्त नमी निकल जाए. फिर चिकन पर पिघला हुआ मक्खन लगाकर और चार से पांच मिनट तक पकाएं.

9 अपने पसंदीदा सलाद और हरी चटनी (पृष्ठ क्र. 95) के साथ गरमागरम पंखरी कबाब सर्व करें.

मुर्ग़ नेज़ा कबाब

सामग्री

700 ग्राम चिकन की टंगड़ी
2 बड़े चम्मच अदरक पेस्ट
2 बड़े चम्मच लहसुन पेस्ट
2 छोटे चम्मच नमक
½ छोटा चम्मच सफ़ेद मिर्च पाउडर
½ छोटा चम्मच गरम मसाला
¼ छोटा चम्मच चूरी हुई कसूरी मेथी
3 छोटे चम्मच विनेगर
2 बड़े चम्मच कटा हुआ ताज़ा हरा धनिया
½ छोटा चम्मच छोटी इलायची पाउडर
3 बडे चम्मच तेल
1 कप बसन
1 अंडा
4 बड़े चम्मच क्रीम
2 बड़े चम्मच पिघला हुआ मक्खन
1 नींबू, फांकें की हुई
1 बड़ा प्याज़, छल्लों में कटा हुआ
1 बड़ा टमाटर, फांकें की हुई

विधि

1 जांघ की हड्डी को चिकन के टंगड़ी के मांस से थोड़ा-सा ढीला करें पर इसे पूरी तरह से निकालें नहीं.

2 एक बड़े व गहरे बाउल में अदरक पेस्ट, लहसुन पेस्ट, नमक, काली मिर्च पाउडर, गरम मसाले, कसूरी मेथी, विनेगर, कटे हुए हरे धनिये और इलायची पाउडर को मिला लें.

3 अब चिकन की टंगड़ियां डालें और अच्छी तरह मिला लें ताकि टंगड़ियों पर मैरिनेड लग जाए. इसे बीस मिनट तक मैरिनेट होने दें.

4 मध्यम आंच पर एक मध्यम आकार के नॉन-स्टिक फ्राइंग पैन में तेल गरम करें. आंच कम कर दें और इसमें बेसन डालें. उसे हल्का सा भूरा होकर खुशबू उठने तक भूनें. बेसन को एक बाउल में निकाल लें और ठंडा होने दें.

5 अंडे को तोड़कर बेसन में मिलाएं. फेंटकर चिकनी पेस्ट तैयार कर लें. क्रीम डालकर एक बार फिर से अच्छी तरह मिला लें.

6 चिकन की टंगड़ियों पर यह पेस्ट लगाएं और उन्हें बीस मिनट के लिए एक तरफ रख दें.

7 अवन को 200°C/400°F/गैस मार्क 6 पर पहले से ही गरम कर लें.

8 चिकन की टंगड़ियों को पहले हड्डी और फिर जांघ इस तरह से सीखों में पिरोएं.

9 इन्हें पहले से गरम किए हुए अवन में सात से आठ मिनट तक पकाएं. सीखों को बाहर निकालें और प्रत्येक टंगड़ी पर आधा बड़ा चम्मच पिघला हुआ मक्खन लगाएं.

10 सीखों को फिर से अवन में रखें और सात से आठ मिनट या टंगड़ियों के हल्के से भूरे होने तक पकाएं.

11 टंगड़ियों को सीखों पर से निकालकर सर्विंग डिश में रखें. नींबू की फांकों, प्याज़ के छल्लों और टमाटर की फांकों से सजाकर गरमागरम मुर्ग़ नेज़ा कबाब तुरंत सर्व करें.

लाल मुर्ग़

सामग्री

750 ग्राम हड्डी सहित चिकन, 1 इंच टुकड़े किए हुए

1½ छोटा चम्मच नमक

1 बड़ा चम्मच लहसुन पेस्ट

1 बड़ा चम्मच अदरक पेस्ट

1 बड़ा चम्मच लाल मिर्च पेस्ट

1 छोटा चम्मच गरम मसाला

1 बड़ा चम्मच चाट मसाला

1 अंडा, फेंटा हुआ

3 बड़े चम्मच मैदा

4 बड़े चम्मच कॉर्नफ्लेक्स, चूरे हुए

2 बड़े चम्मच नींबू का रस

3 बड़े चम्मच तेल + तलने के लिए

1½ कप छोटी गोल लाल (बोर) मिर्चें

विधि

1 चिकन को बहते पानी के नीचे अच्छी तरह धो लें. कोलैंडर में रखकर निथार लें.

2 निथारे हुए चिकन के टुकड़ों को एक बड़े बाउल में निकाल लें. इसमें नमक, लहसुन

पेस्ट, अदरक पेस्ट, लाल मिर्च पेस्ट, गरम मसाला, आधा छोटा चम्मच चाट मसाला, अंडा और मैदा डालें. सारी सामग्रियों को अच्छी तरह मिला लें.

3 कॉर्नफ्लेक्स और नींबू का रस डालकर एक बार फिर से अच्छी तरह मिला लें.

4 एक छोटी नॉन-स्टिक कड़ाही में तीन बड़े चम्मच तेल गरम करें. इसमें छोटी गोल लाल मिर्चें डालें और एक मिनट तक भूनें. निकालकर तेल सोखने वाले कागज़ पर रखें. फिर इन्हें एक बाउल में निकाल लें और अलग रख दें.

5 एक गहरी नॉन-स्टिक कड़ाही में मध्यम आंच पर पर्याप्त मात्रा में तेल गरम करें. जब कड़ाही की तली में छोटे-छोटे बुलबुले दिखाई देने लगें तब उसमें चिकन के टुकड़े डालें और उन्हें कुरकुरे होने तक तलें. एक बार में थोड़े टुकड़े ही डालें. छेद वाले चम्मच से इन्हें पलटते रहें.

6 निकाल कर तेल सोखने वाले कागज़ पर रखें. फिर इन टुकड़ों को एक गहरे बाउल में निकाल लें. इन पर बचा हुआ चाट मसाला छिड़कें और उछालते हुए अच्छी तरह मिला लें.

7 इन्हें एक सर्विंग प्लेट में निकाल लें. इन पर छोटी गोल लाल मिर्चें डालें और तुरंत सर्व करें.

नोट

यह भारतीय फ्राइड चिकन ही है परंतु थोड़ा ज़्यादा तीखा है. यह दिखने में बहुत ही आकर्षक लगता है. लाल मिर्चों के पहाड़ से ढका हुआ चटपटा और कुरकुरा चिकन.

चित्र पृष्ठ क्र. 40 पर देखें.

पोटली कबाब

सामग्री

4 (115 ग्राम प्रत्येक) हड्डी रहित चिकन ब्रेस्ट्स

250 ग्राम चिकन का क़ीमा

2 बड़े चम्मच अदरक-लहसुन पेस्ट

2 बड़े चम्मच कटा हुआ ताज़ा हरा धनिया

5-8 पुदीने की ताज़ी पत्तियां, कटी हुई

2 हरी मिर्चें, कटी हुई

नमक स्वदानुसार

½ कप पानी निकाला हुआ दही (चक्का)

2 बड़े चम्मच बेसन

2 बड़े चम्मच क्रीम

1 छोटा चम्मच हरी मिर्च की पेस्ट

½ छोटा चम्मच गरम मसाला

पिघला हुआ मक्खन, लगाने के लिए

विधि

1 चिकन ब्रेस्ट में चीरे लगाएं उन्हें पूरा नहीं काटें. उन्हें खोल लें.

2 स्टीक हैमर या चाकू की मोठ से पीटकर उन्हें थोड़ा सा चपटा कर लें.

3 एक बाउल में चिकन के क़ीमे को एक बड़ा चम्मच अदरक-लहसुन पेस्ट, हरे धनिये,

पुदीने, कटी हुई हरी मिर्च और नमक के मिश्रण में लगभग पंद्रह मिनट तक मैरिनेट करें.

4 चिकन मिश्रण के चार बराबर भाग कर लें और उनके गोले बना लें. प्रत्येक गोले को चपटे किए हुए चिकन ब्रेस्ट पर रखें. अब चिकन ब्रेस्ट को गोले के चारों और अच्छी तरह लपेट लें. ब्रेस्ट के छोरों को टूथपिक से बंद कर दें.

5 एक बाउल में दही लें. इसमें बेसन, बची हुई अदरक-लहसुन पेस्ट, नमक, क्रीम, हरी मिर्च पेस्ट और गरम मसाला डालें. अच्छी तरह मिला लें.

6 भरे हुए चिकन बॉल्स को इस मिश्रण में दो घंटे तक मैरिनेट करें. फ्रिज में रखेंगे तो बेहतर होगा.

7 अवन को 200°C/400°F/गैस मार्क 6 पर पहले से ही गरम कर लें.

8 एक बेकिंग ट्रे लें और उसमें चिकन बॉल्स को एक-एक इंच की दूरी पर रखें. चिकन बॉल्स के बंद किए हुए छोर ट्रे में नीचे की तरफ होने चाहिए.

9 इन्हें पहले से गरम किए हुए अवन में बीस मिनट तक पकाएं. बीच-बीच में इन्हें निकालकर इन पर पिघला हुआ मक्खन लगाएं.

10 फिर इन्हें एक प्लेट में निकाल लें. पसंदीदा सलाद और चटनी के साथ गरमागरम पोटली कबाब सर्व करें.

शेफ का सुझाव

यदि चिकन का क़ीमा बहुत बारीक न हो तो उसे एक दो बार ब्लेंडर में पीस लें.

मुर्ग़ का मोकल

सामग्री

700 ग्राम हड्डी रहित चिकन ब्रेस्ट्स

2 बड़े चम्मच तेल

3 मध्यम आकार के प्याज़, फांकें किए हुए

1 छोटा चम्मच जीरा

2 बड़े चम्मच अदरक पेस्ट

2 बड़े चम्मच लहसुन पेस्ट

½ कप दही, फेंटा हुआ

1 छोटा चम्मच लाल मिर्च पाउडर

½ छोटा चम्मच हल्दी

नमक स्वादानुसार

2 बड़े चम्मच काजू की पेस्ट

1 छोटा चम्मच गरम मसाला

½ छोटा चम्मच छोटी इलायची पाउडर

12-15 भुने हुए बादाम, लंबे पतले टुकड़े किए हुए

विधि

1 चिकन की आधा इंच मोटी पट्टियां काट लें. इन्हें उबलते पानी में दो मिनट तक ब्लांच करें और फिर निथार लें.

2 एक नॉन-स्टिक कड़ाही में तेल गरम करें. इसमें प्याज़ डालें और मध्यम आंच पर उन्हें सुनहरा भूरा होने तक भूनें.

3 जीरा डालें. अदरक पेस्ट और लहसुन पेस्ट में चार बड़े चम्मच पानी मिलाएं और उसे भी कड़ाही में डाल दें. तेल छूटने तक पकाएं.

4 इसमें दही मिलाएं और फिर से कड़ाही को आंच पर रख दें. तेल छूटने तक पकाएं.

5 चिकन की पट्टियां और आधा कप पानी डालकर एक उबाल लाएं. आंच कम कर दें और चिकन के नरम हो जाने तक धीमी आंच पर उबलने दें.

6 लाल मिर्च पाउडर, हल्दी और नमक डालें.

7 कड़ाही को आंच पर से उतार लें और इसमें पाव कप पानी में घोली हुई काजू की पेस्ट डालें.

8 कड़ाही को फिर से आंच पर रखें और एक उबाल लाएं. गरम मसाला और इलायची पाउडर अच्छी तरह मिला लें. चखकर मसाले स्वादानुसार कर लें.

9 भुने हुए बादामों के टुकड़ों से सजाकर गरमागरम मुर्ग़ का मोकल परोसें.

कड़ाही चिकन

सामग्री

750 ग्राम हड्डी सहित चिकन, 12 टुकड़े किए हुए

2 छोटे चम्मच जीरा

2 छोटे चम्मच धनिया

8 काली मिर्च

5 सूखी लाल मिर्चें

3 बड़े चम्मच तेल

2 बड़े चम्मच प्याज़, कटे हुए

1 बड़ा चम्मच अदरक पेस्ट

1 बड़ा चम्मच लहसुन पेस्ट

5 हरी मिर्चें, कटी हुई

2 बड़े टमाटर, कटे हुए

2 छोटे चम्मच नमक

¼ कप काजू की पेस्ट

¼ छोटा चम्मच गरम मसाला

2 बड़े चम्मच कटा हुआ ताज़ा हरा धनिया

विधि

1 चिकन को बहते हुए पानी के नीचे अच्छी तरह धो लें. कोलैंडर में रखकर निथार लें.

2 मध्यम आंच पर एक छोटा नॉन-स्टिक पैन गरम करें. दो मिनट के बाद इसमें जीरा, धनिया, काली मिर्च और लाल मिर्चें डालें और उन्हें तीन मिनट तक सूखा ही भून लें. ठंडे होने के बाद इन्हें हमाम दस्ते में दरदरा पीस लें.

3 मध्यम आंच पर एक नॉन-स्टिक कड़ाही गरम करें. इसमें तेल डालें. कड़ाही की तली में जब छोटे-छोटे बुलबुलें दिखाई देने लगें तब प्याज़ डालें और चार से पांच मिनट तक या भूरे होने तक उन्हें भूनें.

4 अदरक पेस्ट, लहसुन पेस्ट और हरी मिर्चें डालकर दो मिनट तक भूनें.

5 टमाटर और नमक मिलाएं. ढककर दो मिनट तक पकाएं. अब इसमें भुने हुए मसालों का पाउडर डालें और एक मिनट तक भूनें.

6 चिकन डालें और अच्छी तरह मिलाएं. ढककर पंद्रह मिनट तक पकाएं. काजू की पेस्ट और आधा कप पानी डालकर और तीन मिनट तक पकाएं.

7 गरम मसाला डालें और फिर से मिला लें. कटे हुए हरे धनिये से सजाकर गरमागरम कड़ाही चिकन परोसें.

मुर्ग़ कोरमा

सामग्री

600 ग्राम हड्डी रहित चिकन, 1 इंच के चौकोर टुकड़े किए हुए

½ कप काजू

1 कप दही

2 छोटे चम्मच अदरक-लहसुन पेस्ट

2-3 हरी मिर्चें, कटी हुई

1 छोटा चम्मच लाल मिर्च पाउडर

2 छोटे चम्मच धनिया पाउडर

नमक स्वादानुसार

2 बड़े चम्मच तेल

1 तेज पत्ता

4-5 लौंग

4-5 छोटी इलायची

1 छोटा चम्मच गरम मसाला

¼ छोटा चम्मच सफ़ेद मिर्च पाउडर

¼ कप ताज़ा क्रीम

थोड़ा सा हरा धनिया, कटा हुआ

विधि

1 काजू को पौन कप पानी में आधे घंटे तक भिगोकर रखें. पीसकर चिकनी पेस्ट बना लें.

2 एक बड़े बाउल में दही लें. उसमें अदरक-लहसुन पेस्ट, हरी मिर्चें, लाल मिर्च पाउडर, धनिया पाउडर और नमक डालें और अच्छी तरह मिला लें. चिकन को इस मिश्रण में आधे घंटे तक मैरिनेट करें.

3 एक माइक्रोवेव-सेफ बाउल लें और उसमें तेल, तेजपत्ता, लौंग और इलायची डालें. इसे बिना ढके HIGH पर एक मिनट तक पकाएं.

4 अब इसमें मैरिनेट किया हुआ चिकन डालें और ढककर HIGH पर चार मिनट तक पकाएं.

5 काजू की पेस्ट, गरम मसाला और सफ़ेद मिर्च पाउडर डालें. ढककर Medium पर आठ मिनट तक या चिकन के नरम हो जाने तक पकाएं.

6 क्रीम डालकर अच्छी तरह मिलाएं. कटे हुए हरे धनिये से सजाकर मुर्ग़ कोरमा परोसें.

शेफ का सुझाव

ज़्यादा तीखा कोरमा बनाने के लिए ज़्यादा हरी मिर्चें और सफ़ेद मिर्च पाउडर डालें.

चिकन काफ्रियल

सामग्री

1 पूरा (1 किलो ग्राम) चिकन, 8 टुकड़े किए हुए

3 बड़े चम्मच तेल + तलने के लिए

2 मध्यम आकार के प्याज़, पतली फांकें की हुई

1 बड़ा चम्मच धनिया

1 छोटा चम्मच जीरा

6 लौंग

8 छोटी इलायची

8 बड़ी इलायची

1 इंच दालचीनी

1 इंच अदरक, कटा हुआ

4-5 लहसुन की कलियां, कटी हुई

6 हरी मिर्चें, कटी हुई

नमक स्वादानुसार

3 बड़े चम्मच विनेगर

विधि

1 चिकन के टुकड़ों पर तेज़ धार वाले चाकू से गहरे चीरे लगाएं.

2 एक नॉन-स्टिक कड़ाही में पर्याप्त मात्रा में तेल गरम करें और उसमें प्याज़ को कुरकुरा और सुनहरा भूरा होने तक तलें.

3 निकालकर तेल सोखने वाले कागज़ पर रखें. इसे सजावट के लिए संभाल कर अलग रख दें.

4 धनिये, जीरे, लौंग, इलायची, काली मिर्च और दालचीनी को सूखा ही भून लें. भुने हुए मसालों को अदरक, लहसुन, हरी मिर्चों और थोड़े से पानी के साथ पीसें और चिकनी पेस्ट तैयार कर लें. स्वादानुसार नमक डालें.

5 चिकन के टुकड़ों पर यह तैयार पेस्ट अच्छी तरह से लगा दें. और फिर इन्हें फ्रिज में रखकर दो से तीन घंटे तक मैरिनेट होने दें.

6 प्रेशर कुकर में तीन बड़े चम्मच तेल गरम करें. इसमें मैरिनेट किया हुआ चिकन डालें और मध्यम आंच पर एक मिनट तक भूनें.

7 पाव कप गरम पानी डालें और प्रेशर कुकर का ढक्कन लगा दें. चिकन को मध्यम आंच पर एक या दो सीटी होने तक पकाएं.

8 प्रेशर पूरी तरह से निकल जाने के बाद ढक्कन खोलें. चिकन में विनेगर मिलाएं. एक से दो मिनट तक पकाएं, तले हुए प्याज़ से सजाकर गरमागरम परोसें.

कोयला चिकन

सामग्री

750 ग्राम हड्डी सहित चिकन, 12 टुकड़े किए हुए

2 छोटे चम्मच अदरक-लहसुन पेस्ट

1 छोटा चम्मच गरम मसाला

1½ छोटे चम्मच लाल मिर्च पाउडर

2 छोटे चम्मच नमक

10-15 काजू

3 बड़े चम्मच मक्खन

4-5 हरी मिर्चें, चीरी हुई

6 मध्यम आकार के टमाटर, प्यूरी की हुई

1 बड़ा चम्मच नींबू का रस

1 बड़ा चम्मच कटा हुआ ताज़ा हरा धनिया

½ कप ताज़ा क्रीम

1 बड़ा चम्मच गरम घी

विधि

1 चिकन के टुकड़ों पर लगी चमड़ी निकाल लें और टुकड़ों को बहते हुए पानी के नीचे अच्छी तरह धो लें. कोलैंडर में रखकर निथार लें.

2 चिकन के टुकड़ों को एक बाउल में रखें. इसमें अदरक-लहसुन पेस्ट, गरम मसाला, लाल मिर्च पाउडर और एक छोटा चम्मच नमक

डालें. इन्हें अच्छी तरह से मिला लें ताकि चिकन के सभी टुकड़ों पर मसाला लग जाए. बाउल पर क्लिंग फिल्म लगा दें और चिकन को मैरिनेट होने के लिए एक घंटे तक फ्रिज में रख दें.

3 एक छोटे नॉन-स्टिक फ्राइंग पैन में मध्यम आंच पर काजू को दो से तीन मिनट तक सूखे ही भून लें.

4 ठंडे होने दें और फिर इनका दरदरा पाउडर बना लें. पाउडर को एक छोटे बाउल में निकालकर अलग रख दें.

5 मध्यम आकार के एक गहरे नॉन-स्टिक पैन में मध्यम आंच पर मक्खन पिघलाएं. इसमें मैरिनेट किया हुआ चिकन डालें और दो से तीन मिनट तक भूनें. हरी मिर्चें डालकर एक मिनट और भूनें.

6 टमाटर प्यूरी डालें और दो से तीन मिनट तक चलाएं. एक कप पानी और बचा हुआ नमक डालें और हिलाएं.

7 आंच कम कर दें और पैन पर ढक्कन लगा दें. चिकन को धीमी आंच पर पंद्रह मिनट तक या लगभग पक जाने तक पकाएं.

8 ढक्कन खोलें और पैन में काजू का पाउडर डालें. फिर से ढककर धीमी आंच पर चार मिनट तक या चिकन के गलकर नरम हो जाने तक पकाएं.

9 नींबू का रस और कटा हुआ हरा धनिया डालकर एक मिनट तक या मसाले में से तेल छूटने तक पकाएं.

10 ताज़ा क्रीम डालें और हल्के हाथों से मिला लें. पैन को आंच पर से उतार लें.

11 कोयले के दो टुकड़े लें और उन्हें खुली आंच पर लाल होने तक गरम करें. चिमटे की मदद से कोयले के टुकड़ों को एक स्टेनलेस स्टील की कटोरी में रख दें. फिर कटोरी को पकाए हुए चिकन पर रख दें.

12 कोयले के टुकड़ों पर गरम घी डालें. जैसे ही उसमें से धुआं निकलने लगे पैन पर ढक्कन लगा दें. इस तरह से धुएं का स्वाद पकाए हुए चिकन में अच्छी तरह घुल जाएगा.

13 दो मिनट बाद ढक्कन खोलें और कोयले के टुकड़ों सहित कटोरी निकाल लें.

14 चिकन को एक सर्विंग डिश में निकाल लें. नान या तंदूरी रोटी के साथ गरमागरम कोयला चिकन परोसें.

मिर्ची मुर्ग़

सामग्री

4 चिकन की टंगड़ियां

1 मध्यम आकार का प्याज़, कटा हुआ

4 लहसुन की कलियां, कटी हुई

2 इंच अदरक, कटा हुआ

5-6 हरी मिर्चें, कटी हुई

नमक स्वादानुसार

2 छोटे चम्मच नींबू का रस

2 बड़े चम्मच धनिया

1 छोटा चम्मच जीरा

4-5 सूखी लाल मिर्चें

1 इंच दालचीनी

4 लौंग

4 छोटी इलायची

1 बड़ा चम्मच जैतून का तेल

4 बड़े चम्मच टोमैटो प्यूरी

¼ छोटा चम्मच शक्कर

2 बड़े चम्मच कटा हुआ ताज़ा हरा धनिया

विधि

1 चमड़ी निकाल दें और प्रत्येक टंगड़ी के घुटने के जोड़ से दो टुकड़े करें.

2 प्याज़, अदरक, लहसुन और हरी मिर्चों को चिकना होने तक पीस लें. इसमें नमक और नींबू का रस डालें.

3 यह मिश्रण चिकन के टुकड़ों पर अच्छी तरह लगा दें. चिकन के टुकड़ों को ढक कर चार से छह घंटे तक मैरिनेट होने के लिए फ्रिज में रख दें. इन्हें पकाने से कम से कम तीस मिनट पहले फ्रिज में से निकाल कर रखें.

4 धनिया, जीरा, लाल मिर्च, दालचीनी, लौंग और इलायची को थोड़ा सा पानी डालकर पीसें और चिकनी पेस्ट बना लें.

5 एक नॉन-स्टिक पैन में तेल गरम करें. इसमें पिसी हुई पेस्ट डालें.

6 उसे मध्यम आंच पर दो मिनट तक भूनें. टोमैटो प्यूरी, नमक और शक्कर डालकर ऊपरी सतह पर तेल आ जाने तक भूनें.

7 अब इसमें मैरिनेट किया हुआ चिकन डालें और अच्छी तरह चलाएं. ढककर चिकन के पूरी तरह पक जाने तक पकाएं.

8 कटे हुए ताज़े हरे धनिये से सजाएं और गरमागरम मिर्ची मुर्ग़ परोसें.

नोट

जैसा कि नाम से ही पता चलता है, मिर्ची मुर्ग़ बहुत तीखा और चटपटा व्यंजन है. परंतु आप अपने स्वाद के अनुसार मिर्चों की मात्रा को घटा या बढ़ा सकते हैं.

मेथी मुर्ग़

सामग्री

1 पूरा (800 ग्राम) चिकन, 8 टुकड़े किए हुए
75 ग्राम ताज़ा मेथी, कटी हुई
1 कप दही, फेंटा हुआ
नमक स्वादानुसार
4 इंच अदरक
1½ बड़े चम्मच तेल
5 छोटी इलायची
1 बड़ी इलायची
5 लौंग
1 इंच दालचीनी
1 तेज पत्ता
1-2 जावित्री के टुकड़े
2 बड़े प्याज़, कटे हुए
20 लहसुन की कलियां, कटी हुई
3 हरी मिर्चें, बीज़ निकालकर काटी हुई
½ छोटा चम्मच हल्दी
1 छोटा चम्मच धनिया पाउडर
1 छोटा चम्मच लाल मिर्च पाउडर
2 मध्यम आकार के टमाटर, कटे हुए
1 बड़ा चम्मच कसूरी मेथी
3 बड़े चम्मच कटा हुआ ताज़ा हरा धनिया

विधि

1 एक बड़े बाउल में दही और नमक मिला लें. इसमें चिकन के टुकड़े डालें और उन्हें आधे घंटे तक मैरिनेट होने दें. आधे अदरक को बारीक काट लें बाकी बचे आधे अदरक की पट्टियां काट लें.

2 एक नॉन-स्टिक कड़ाही में तेल गरम करें. इसमें छोटी और बड़ी इलायची, लौंग, दालचीनी, तेज पत्ता और जावित्री डालकर एक मिनट तक चलाएं.

3 प्याज़ डालें और उसे सुनहरे भूरे होने तक भूनें. फिर इसमें कटा हुआ अदरक, लहसुन और हरी मिर्चें डालकर दो मिनट और पकाएं.

4 हल्दी, धनिया पाउडर, लाल मिर्च पाउडर और पाव कप पानी डालें और आधे मिनट तक पकाएं. टमाटर डालें और उनके नरम हो जाने तक पकाएं.

5 अब इसमें मैरिनेट किए हुए चिकन के टुकड़े और मेथी डालें. अच्छी तरह से मिलाएं. ढककर मध्यम आंच पर चिकन के गलकर नरम हो जाने तक पकाएं.

6 अदरक की पट्टियां, कसूरी मेथी और कटा हुआ हरा धनिया डालें.

7 ढककर इसे पांच मिनट तक ऐसे ही रहने दें. फिर तुरंत परोसें.

कोंबडी आणि वड़ा

सामग्री

1 मध्यम आकार का (800 ग्राम) चमड़ी निकाला हुआ चिकन
½ खोपरे का गोला (सूखा नारियल), कद्दूकस किया हुआ
4–5 सूखी लाल मिर्चें
¼ कप कटा हुआ ताज़ा हरा धनिया
1 इंच अदरक, कटा हुआ
4–5 लहसुन की कलियां, कटी हुई
2–3 हरी मिर्चें, कटी हुई
2 बड़े चम्मच तेल
5 मध्यम आकार के प्याज़, बारीक कटे हुए
1½ कप कद्दूकस किया हुआ नारियल
2½ छोटे चम्मच मालवणी गरम मसाला
नमक स्वादानुसार

विधि

1 कद्दूकस किए हुए खोपरे और लाल मिर्चों को एक नॉन-स्टिक कड़ाही में सूखा ही भून लें. ठंडा होने के बाद इसमें थोड़ा सा पानी डालें और पीसकर चिकनी पेस्ट तैयार कर लें.

2 एक बड़ा चम्मच हरा धनिया सजावट के लिए अलग रख कर बाकी बचे हरे धनिये, अदरक, लहसुन और हरी मिर्चों को बारीक पीस लें. चिकन को इस मसाला पेस्ट में पंद्रह मिनट तक मैरिनेट करें.

3 नॉन-स्टिक कड़ाही में एक बड़ा चम्मच तेल गरम करें. इसमें कटा हुआ तीन चौथाई प्याज़ डालें और उसे सुनहरा होने तक भूनें.

4 फिर कद्दूकस किया हुआ नारियल डालें और लगातार चलाते हुए मध्यम आंच पर हल्का भूरा होने तक भूनें. ठंडा होने दें. ठंडे होने के बाद थोड़े से पानी के साथ पीसकर इसकी चिकनी पेस्ट बना लें.

5 एक गहरे नॉन-स्टिक पैन में बचा हुआ तेल गरम करें. इसमें बचा हुआ प्याज़ डालें और उसे सुनहरा भूरा होने तक भूनें. अब इसमें मैरिनेट किया हुआ चिकन और दो कप पानी डालें. एक उबाल आने दें.

6 खोपरे और लाल मिर्च की पेस्ट और मालवणी गरम मसाला डालकर मध्यम आंच पर तीन से चार मिनट तक पकाएं.

7 नारियल और प्याज़ की पेस्ट डालकर मध्यम आंच पर बीच-बीच में चलाते हुए तीन से चार मिनट और पकाएं.

8 आंच कम कर दें और धीमी आंच पर तीन से चार मिनट तक पकाएं. नमक डालकर अच्छी तरह मिला लें. बचाकर रखे हुए हरे धनिये से सजाएं. वड़े के साथ परोसें.

नोट

यह महाराष्ट्र के मालवण क्षेत्र का बहुत ही खास व्यंजन है. इसके साथ चावल के आटे के वड़े बनाए जाते हैं. चावल के आटे को पहले भाप पर पकाया जाता है और फिर उसके पूरी के आकार के वड़े बनाए जाते हैं जिन्हें तेल में तला जाता है.

चिकन नवरत्न

सामग्री

600 ग्राम हड्डी रहित चिकन
¾ कप दही
नमक स्वादानुसार
2 बड़े चम्मच तेल
3 छोटी इलायची
1 बड़ी इलायची
3 लौंग
1 इंच दालचीनी
1 तेज पत्ता
1 जावित्री का टुकड़ा
3 मध्यम आकार के प्याज़, फांकें की हुई
1 इंच अदरक, कटा हुआ
2 हरी मिर्चें, कटी हुई
½ छोटा चम्मच हल्दी
1 छोटा चम्मच लाल मिर्च पाउडर
¼ छोटा चम्मच जावित्री-इलायची पाउडर
2 बड़े चम्मच कटे हुए सूखे मेवे
1 बड़ा चम्मच किशमिश
1 बड़ा चम्मच मग़ज़

मसाला पेस्ट

1 बड़ा चम्मच खसखस, भिगोयी हुई

8-10 बादाम, ब्लांच करके छीले हुए

8-10 काजू, भिगोए हुए

1 बड़ा चम्मच मग़ज़ भिगोए हुए

विधि

1 दही में थोड़ा सा नमक डालें और उसमें चिकन को एक घंटे तक मैरिनेट करें. फ्रिज में रखेंगे तो बेहतर होगा.

2 मसाला पेस्ट बनाने के लिए खसखस, बादाम, काजू और मग़ज़ को पीसकर चिकनी पेस्ट बना लें.

3 प्रेशर कुकर में तेल गरम करें. इसमें इलायची, लौंग, दालचीनी, तेज पत्ता और जावित्री डालें. उनके तड़कने पर प्याज़ डालें और उन्हें सुनहरे भूरे होने तक भूनें.

4 फिर अदरक और हरी मिर्च डालें. अच्छी तरह मिला लें. हल्दी और लाल मिर्च पाउडर को दो बड़े चम्मच पानी में घोल लें और फिर उसे भी प्रेशर कुकर में डाल दें.

5 मसालों को दो मिनट तक भूनें. फिर इसमें मैरिनेट किया हुआ चिकन और मैरिनेड डालें.

6 एक कप पानी डालें और कुकर का ढक्कन लगा दें. मध्यम आंच पर दो सीटी होने तक पकाएं.

7 प्रेशर पूरी तरह से निकल जाने के बाद ढक्कन खोलें और कुकर में मसाला पेस्ट डालें. तेल छूटने तक पकाएं.

8 जावित्री-इलायची का पाउडर डालें. सूखे मेवों, किशमिश और मग़ज़ से सजाकर नवरत्न कोरमा तुरंत परोसें.

कोली उरूण्डई कोलम्बु

मसालेदार और चटपटी ग्रेवी में चिकन क़ीमे के कोफ्ते

सामग्री

200 ग्राम चिकन का कीमा

1 बड़ा चम्मच तेल

4-5 काजू

1 बड़ा चम्मच चने की दाल

½ बड़ा चम्मच खसखस, 15 मिनट भिगोकर निथारी हुई

¼ छोटा चम्मच सौंफ

1-2 लौंग

3-4 हरी मिर्चें, टुकड़े किए हुए

1-2 सूखी लाल मिर्चें, तोड़कर टुकड़े किए हुए

1 मध्यम आकार का लाल प्याज़, कटा हुआ

4 लहसुन की कलियां, कटी हुई

¼ कप कद्दूकस किया हुआ नारियल

½ अंडा, फेंटा हुआ

½ छोटा चम्मच नमक

ग्रेवी

4 बड़े चम्मच तेल

8-10 सूखी लाल मिर्चें, तोड़कर टुकड़े किए हुए

3 बड़े चम्मच धनिया

½ छोटा चम्मच हल्दी

1 छोटा चम्मच सौंफ

1 छोटा चम्मच जीरा

2 बड़े चम्मच खसखस, 15 मिनट भिगोकर निथारी हुई

10 काली मिर्च

4 लौंग

3 मध्यम आकार के लाल प्याज़, कटे हुए

6 लहसुन की कलियां

2 मध्यम आकार के टमाटर, कटे हुए

1 छोटा चम्मच नमक

4 बड़े चम्मच इमली का पल्प (पृष्ठ क्र. 95)

विधि

1 चिकन के कीमे को बहते हुए पानी के नीचे अच्छी तरह से धो लें. फिर कोलैंडर में रखकर निथार लें. कीमे को एक बाउल में निकाल लें.

2 एक नॉन-स्टिक पैन में मध्यम आंच पर तेल गरम करें. जब पैन की तली में छोटे-छोटे बुलबुले दिखाई देने लगें तब उसमें काजू, चने की दाल, खसखस, सौंफ, लौंग, हरी मिर्चें, लाल मिर्चें, प्याज़, लहसुन और नारियल डालें.

3 इन्हें दो मिनट तक या खुशबू उठने तक भूनें. ठंडा करें. फिर चार बड़े चम्मच पानी डालकर पीसें और चिकनी पेस्ट तैयार कर लें.

4 यह पेस्ट चिकन में डालें. फिर अंडा डालकर अच्छी तरह से मिला लें. आधा छोटा चम्मच नमक डालें और एक बार फिर से मिला लें. बाउल पर क्लिंग फिल्म लगा दें. चिकन को फ्रिज में रखकर आधे घंटे तक मैरिनेट होने दें.

5 चिकन के मिश्रण के बारह बराबर भाग कर लें. हथेलियों को गीला करें और इनके

चिकने गोले बना लें. इन्हें एक प्लेट में रखें और उस पर क्लिंग फिल्म लगा दें. इस्तेमाल करने तक इन्हें फिर से फ्रिज में रख दें.

6 ग्रेवी बनाने के लिए एक नॉन-स्टिक पैन में मध्यम आंच पर एक बड़ा चम्मच तेल गरम करें और लाल मिर्चें, धनिया, हल्दी, सौंफ, जीरा, खसखस, काली मिर्च, लौंग, प्याज़ और लहसुन डालें. इन्हें तीन मिनट तक या खुशबू उठने तक भूनें.

7 ठंडा होने दें. आठ बड़े चम्मच पानी डालें और पीस कर बारीक पेस्ट तैयार कर लें.

8 एक गहरे नॉन-स्टिक पैन में मध्यम आंच पर बचा हुआ तेल गरम करें. उसमें टमाटर और आधा छोटा चम्मच नमक डालें. टमाटरों को सात मिनट तक या उनके पल्पी हो जाने तक भूनें.

9 मसाला पेस्ट डालें और दो मिनट तक या ऊपरी सतह पर तेल आ जाने तक भूनें.

10 इमली का पल्प, चार कप पानी और बचा हुआ नमक डालकर अच्छी तरह से मिला लें. मिश्रण में एक उबाल लाएं.

11 आंच कम कर दें और उसमें चिकन के गोले डालें. इसे धीमी आंच पर बारह मिनट तक या चिकन के गोलों के पूरी तरह पक जाने और ग्रेवी के गाढ़े हो जाने तक पकाएं. चावल के साथ गरमागरम परोसें.

शेफ का सुझाव

चिकन के गोले डालने के बाद करी को हिलाएं नहीं अन्यथा गोले टूट सकते हैं. ग्रेवी को जलने से बचाने के लिए बीच-बीच में बस पैन को थोड़ा सा हिला दें.

कोली थेंगाई कोलम्बु

सामग्री

750 ग्राम हड्डी सहित चिकन, 20-24 टुकड़े किए हुए

½ छोटा चम्मच हल्दी

1¾ छोटे चम्मच नमक

2 बड़े चम्मच तेल

2 चक्री फूल

2 तेज पत्ते

10-12 कढ़ी पत्ते

मसाला

1 कप कद्दूकस किया हुआ नारियल

2 बड़े चम्मच तेल

25 छोटे (सांभार) प्याज़, छीले हुए

1 इंच अदरक, कटा हुआ

12 लहसुन की कलियां, छीलकर काटी हुई

10 हरी मिर्चें, कटी हुई

2 सूखी लाल मिर्चें, तोड़कर 2 टुकड़े किए हुए

2 बड़े चम्मच धनिया

विधि

1 चिकन के टुकड़ों को बहते पानी के नीचे अच्छी तरह धो लें और फिर कोलैंडर या छलनी में रखकर निथार लें.

2 टुकड़ों को एक बाउल में रखें और इन पर हल्दी और पौन छोटा चम्मच नमक डालें और अच्छी तरह मिला लें. बाउल पर क्लिंग फिल्म लगा दें और चिकन को फ्रिज में रखकर आधे घंटे तक मैरिनेट करें.

3 मसाला बनाने के लिए एक नॉन-स्टिक पैन में मध्यम आंच पर तेल गरम करें. पैन में नारियल, छोटे प्याज़, अदरक, लहसुन, हरी मिर्चें, लाल मिर्चें और धनिया डालें. मसालों को खुशबू उठने तक और हल्के भूरे होने तक भूनें.

4 ठंडा होने दें. फिर इसमें एक कप और चार छोटे चम्मच पानी डालकर पीसें और चिकनी पेस्ट तैयार कर लें.

5 मध्यम आंच पर एक और नॉन-स्टिक पैन में तेल गरम करें. उसमें चक्री फूल और तेज पत्ता डालें. इन्हें तीस सेकंड तक भूनें.

6 कढ़ी पत्ता और मैरिनेट किया हुआ चिकन डालें. तेज़ आंच पर भूनें ताकि चिकन का रस उसी में बना रहें.

7 अब आंच मध्यम कर दें. इसमें मसाला पेस्ट डालें और अच्छी तरह से मिला लें. डेढ़ कप पानी और बचा हुआ नमक डालकर धीमी आंच पर ग्यारह से बारह मिनट तक या चिकन के पूरी तरह पक जाने और ग्रेवी के गाढ़े हो जाने तक पकाएं.

8 चावल के साथ गरमागरम परोसें.

शेफ का सुझाव

कद्दूकस किए हुए नारियल की जगह नारियल का दूध डालकर इसे बनाएं. करी ज्यादा चिकनी और स्वादिष्ट बनेगी.

मालवणी चिकन हिरवा मसाला

मालवण के हरे मसाले में पकाया हुआ चिकन

सामग्री

750 ग्राम हड्डी सहित चिकन, चमड़ी निकालकर 16 टुकड़े किए हुए

1 छोटा चम्मच नमक

1¼ कप कटा हुआ ताज़ा हरा धनिया

½ कप कद्दूकस किया हुआ नारियल

½ इंच अदरक, कटा हुआ

4 लहसुन की कलियां, छीली हुई

6 हरी मिर्चें, कटी हुई

2 बड़े चम्मच तेल

1 इंच दालचीनी

2 बड़ी इलायची

2 छोटी इलायची

1 तेज पत्ता

2–3 लौंग

½ छोटा चम्मच जीरा

3 मध्यम आकार के लाल प्याज़, छीलकर काटे हुए

½ कप नारियल का गाढ़ा दूध (पृष्ठ क्र. 95)

¼ छोटा चम्मच गरम मसाला

विधि

1 चिकन के टुकड़ों को बहते हुए पानी के नीचे अच्छी तरह से धोएं और फिर कोलैंडर में रखकर निथार लें. टुकड़ों को एक बाउल में निकाल लें. इसमें एक छोटा चम्मच नमक डालें और अच्छी तरह से मिला लें. बाउल पर ढक्कन लगा दें और उसे एक तरफ रख दें.

2 दो बड़े चम्मच हरा धनिया सजावट के लिए अलग रख दें और बाकी बचे हरे धनिये, नारियल, अदरक, लहसुन और मिर्चों को चार बड़े चम्मच पानी के साथ पीसकर चिकनी पेस्ट तैयार कर लें.

3 इस पेस्ट को चिकन के टुकड़ों में डालें और अच्छी तरह मिला लें ताकि चिकन के सारे टुकड़ों पर हरी चटनी (पेस्ट) अच्छी तरह से लग जाए.

4 एक गहरे नॉन–स्टिक पैन में मध्यम आंच पर तेल गरम करें. उसमें दालचीनी, इलायची, तेज पत्ता, लौंग और जीरा डालें और खुशबू उठने तक भूनें. प्याज़ डालें और तीन मिनट तक या प्याज़ के थोड़े से पारदर्शी और नरम हो जाने तक भूनें.

5 फिर इसमें मैरिनेट किया हुआ चिकन डालें और धीमी आंच पर पांच से छह मिनट तक भूनें.

6 दो कप पानी डालें और चार से पांच मिनट तक या चिकन के पूरी तरह पक जाने तक पकाएं.

7 नारियल का दूध और गरम मसाला डालें. अच्छी तरह से मिला लें.

8 बचाकर रखे हुए ताज़े हरे धनिये से सजाएं और गरमागरम परोसें.

खड़ा मसाला चिकन

सामग्री

800 ग्राम हड्डी रहित चिकन, 1 इंच के चौकोर टुकड़े किए हुए

2 बड़े चम्मच तेल

2 तेज पत्ते

¼ छोटा चम्मच राई

¼ छोटा चम्मच सौंफ

¼ छोटा चम्मच कलौंजी

2 सूखी लाल मिर्चें, चूरी हुई

½ छोटा चम्मच जीरा

¼ छोटा चम्मच मेथी दाना

½ छोटा चम्मच सूखे हुए अनारदाने, चुरे हुए

1 इंच अदरक, कद्दूकस किया हुआ

5-6 लहसुन की कलियां, फांकें की हुई

1 बड़ा प्याज़, फांकें की हुई

4 हरी मिर्चें, बीच में से चीरी हुई

1 मध्यम आकार का टमाटर, फांकें की हुई

नमक स्वादानुसार

1 बड़ा चम्मच कटा हुआ ताज़ा हरा धनिया

विधि

1 एक नॉन-स्टिक कड़ाही में तेल गरम करें. इसमें तेज पत्ता, राई, सौंफ, कलौंजी, चूरी हुई लाल मिर्चें, जीरा, मेथी दाना और अनार दाने डालें.

2 जब इनका रंग बदलने लगे तब अदरक और लहसुन डालें.

3 आधे मिनट तक भूनें और फिर प्याज़ और हरी मिर्चें डालें. मध्यम आंच पर प्याज़ के हल्के भूरे हो जाने तक भूनें.

4 टमाटर, चिकन और नमक डालकर मध्यम आंच पर बीच-बीच में चलाते हुए आठ से दस मिनट तक पकाएं.

5 चिकन जब पूरी तरह पक जाए तब आंच कम कर दें और ढककर पांच या छह मिनट और पकाएं.

6 कटे हुए ताज़े हरे धनिये से सजाकर गरमागरम खड़ा मसाला चिकन परोसें.

धुरंधरी चिकन

सामग्री

800 ग्राम हड्डी रहित चिकन, 1 इंच के टुकड़े किए हुए

16 काजू

½ कप अनन्नास का रस

4 बड़े चम्मच घी

1 बड़ा चम्मच अदरक पेस्ट

1 बड़ा चम्मच लहसुन पेस्ट

¾ छोटा चम्मच काली मिर्च पाउडर

6–8 हरी मिर्चें, बारीक कटी हुई

¼ छोटा चम्मच दालचीनी पाउडर

नमक स्वादानुसार

75 ग्राम ताज़ा हरा धनिया कटा हुआ

विधि

1 एक कप पानी में काजू उबाल लें. निथारें और फिर अनन्नास के रस के साथ पीसकर बारीक पेस्ट तैयार कर लें.

2 नॉन-स्टिक पैन में घी गरम करें. इसमें अदरक पेस्ट, लहसुन पेस्ट, काली मिर्च पाउडर, हरी मिर्चें और चिकन डालें. पांच मिनट तक भूनें.

3 डेढ़ कप पानी डालें और अच्छी तरह मिला लें. फिर ढककर पकने दें.

4 जब चिकन लगभग पक जाए तब उसमें अनन्नास और काजू की पेस्ट, दालचीनी पाउडर और नमक डालें.

5 अच्छी तरह मिला लें. चिकन को पूरी तरह पककर नरम हो जाने तक पकाएं.

6 हरे धनिये से सजाकर गरमागरम धुरंधरी चिकन परोसें.

चिकन शाकुटि

सामग्री

800 ग्राम हड्डी सहित चिकन, चमड़ी निकालकर 12 टुकड़े किए हुए

½ छोटा चम्मच हल्दी

2 छोटे चम्मच नमक

1 बड़ा चम्मच नींबू का रस

⅓ कप + 2 बड़े चम्मच तेल

2 एक इंच के दालचीनी के टुकड़े

6 लौंग

4 सूखी लाल मिर्चें

2 बड़े चम्मच खसखस

1 छोटा चम्मच अजवाइन

1 छोटा चम्मच जीरा

10–12 काली मिर्च

1 छोटा चम्मच सौंफ

4 चक्री फूल

1½ बड़े चम्मच धनिया

1 तेज पत्ता

¼ छोटा चम्मच कद्दूकस किया हुआ जायफल

4-6 लहसुन की कलियां

¾ इंच अदरक, कुचला हुआ

2 मध्यम आकार के लाल प्याज़, कटे हुए

1½ कप कद्दूकस किया हुआ ताज़ा नारियल

1 बड़ा चम्मच माल्ट विनेगर

1 बड़ा चम्मच कटा हुआ ताज़ा हरा धनिया

विधि

1 एक बाउल में चिकन के टुकड़े लें. इसमें हल्दी, डेढ़ छोटे चम्मच नमक और नींबू का रस डालें. इसे अच्छी तरह से मिला लें.

2 बाउल के ऊपर क्लिंग फिल्म लगा दें. चिकन को फ्रिज में रखकर आधे घंटे तक मैरिनेट होने दें.

3 एक मध्यम आकार के गहरे नॉन-स्टिक पैन में तेज़ आंच पर एक तिहाई कप तेल गरम करें. तेल गरम हो जाने के बाद आंच धीमी कर दें.

4 अब इसमें दालचीनी, लौंग, मिर्चें, खसखस, अजवाइन, जीरा, काली मिर्च, सौंफ, चक्री फूल, धनिया, तेज पत्ता, जायफल, अदरक, लहसुन और प्याज़ डालकर पांच से सात मिनट तक या प्याज़ के भूरे हो जाने तक भूनें.

5 नारियल डालकर और पांच से सात मिनट तक या नारियल के भूरे हो जाने तक भूनें.

6 इस मिश्रण को एक प्लेट में निकाल लें और ठंडा होने के लिए एक तरफ रख दें. ठंडा होने के बाद इसे एक कप पानी के साथ पीसें और चिकनी पेस्ट तैयार कर लें.

7 मध्यम आकार के एक गहरे नॉन-स्टिक पैन में मध्यम आंच पर दो बड़े चम्मच तेल गरम करें. आंच कम करें और इसमें मैरिनेट किया हुआ चिकन डालें. इसे तीन से चार मिनट तक भूनें.

8 मसालें और नारियल की पेस्ट डालकर अच्छी तरह मिलाएं. एक कप पानी डालकर एक बार फिर से मिला लें. मध्यम आंच पर पकाएं.

9 जब मिश्रण में एक उबाल आ जाए तब आंच कम कर दें और धीमी आंच पर चिकन को बीस मिनट तक या पूरी तरह पक जाने तक पकाएं.

10 अब इसमें माल्ट विनेगर, बचा हुआ नमक और कटा हुआ हरा धनिया डालें. अच्छी तरह मिला लें और पैन को आंच पर से उतार लें.

11 तैयार चिकन शाकुटि को एक सर्विंग बाउल में निकाल लें और चावल के साथ इसे गरमागरम परोसें.

सोफ़ियानी बिरयानी

सामग्री

600 ग्राम हड्डी सहित चिकन, 1 इंच के टुकड़े किए हुए

1½ कप बासमती चावल, भिगोए हुए

12 छोटी इलायची

12 लौंग

4 एक इंच के दालचीनी के टुकड़े

1 कप दही, फेंटा हुआ

2 मध्यम आकार के प्याज़, फांकें की हुई

2 बड़े चम्मच बादाम की पेस्ट

1 बड़ा चम्मच अदरक पेस्ट

1 बड़ा चम्मच लहसुन पेस्ट

2 बड़े चम्मच कद्दूकस किया हुआ खोया/मावा

4 हरी मिर्चें, पतली पट्टियों में कटी हुई

नमक स्वादानुसार

1 छोटा चम्मच नींबू का रस

3 बड़े चम्मच देसी घी

1 बड़ा चम्मच अदरक-लहसुन पेस्ट

1 कप दूध

1 छोटा चम्मच छोटी इलायची पाउडर

2 बड़े चम्मच क्रीम

विधि

1 एक बड़ा व गहरा नॉन-स्टिक पैन लें. इसमें चिकन, छह इलायची, छह लौंग, दो दालचीनी के टुकड़े, दही, प्याज़, बादाम पेस्ट, अदरक पेस्ट, लहसुन पेस्ट, खोया, हरी मिर्चें, नमक, नींबू का रस और आधा बड़ा चम्मच देसी घी डालें.

2 ढककर धीमी आंच पर चिकन के पूरी तरह पक जाने तक पकाएं.

3 एक अलग नॉन-स्टिक पैन में पांच कप पानी लें. इसमें नमक, अदरक-लहसुन पेस्ट, बची हुई छोटी इलायची, बची हुई लौंग और बची हुई दालचीनी डालें. इसमें एक उबाल लाएं. उबाल आने के बाद इसमें चावल और दूध डालें. चावल को लगभग पकने तक पकाएं.

4 एक और नॉन-स्टिक पैन लें. इसमें सबसे पहले चिकन के आधे टुकड़ों की एक परत बिछाएं. फिर इसके ऊपर आधे चावलों की एक परत बिछाएं. अब इस पर आधी इलायची पाउडर डालें और आधा क्रीम डालें. इसी क्रम में एक बार फिर से सारी परतें बिछा लें.

5 पैन के किनारों पर बचा हुआ घी डालें.

6 ढककर धीमी आंच पर पंद्रह से बीस मिनट तक पकाएं. गरमागरम बिरयानी परोसें.

चिकन क़ीमा पुलाव

सामग्री

200 ग्राम चिकन का कीमा

¾ कप बासमती चावल, भिगोए हुए

2½ बड़े चम्मच तेल

2 मध्यम आकार के प्याज़, फांकें किए हुए

नमक स्वादानुसार

1 छोटा चम्मच लाल मिर्च पाउडर

¼ छोटा चम्मच हल्दी

¼ कप दही

1 छोटा चम्मच गरम मसाला

½ छोटा चम्मच जीरा

5-6 लहसुन की कलियां, कटी हुई

1 इंच अदरक, कटा हुआ

2 छोटी इलायची

2 लौंग

1 इंच दालचीनी

5 काली मिर्च

3 हरी मिर्चें, चीरी हुई

2 बड़े चम्मच कटा हुआ ताज़ा पुदीना

2 बड़े चम्मच कटा हुआ ताज़ा हरा धनिया

विधि

1 दो कप पानी में चावल उबाल लें. निथार कर अलग रख दें.

2 एक नॉन-स्टिक कड़ाही में आधा तेल गरम करें. इसमें प्याज़ डालें और उन्हें हल्के सुनहरे भूरे होने तक भूनें. चिकन का क़ीमा डालकर और दो से तीन मिनट तक भूनें.

3 नमक, लाल मिर्च पाउडर और हल्दी डालें. ढककर दो मिनट तक पकाएं.

4 दही और आधा कप पानी डालकर चिकन के पूरी तरह पक जाने तक पकाएं. गरम मसाला डालें.

5 एक अलग नॉन-स्टिक पैन में बचा हुआ तेल गरम करें. इसमें जीरा डालें. जीरे का रंग बदलने पर लहसुन, अदरक, इलायची, लौंग, दालचीनी, काली मिर्च और हरी मिर्चें डालें और एक मिनट तक भूनें.

6 पकाया हुआ चिकन और चावल डालें. कटा हुआ पुदीना और हरा धनिया डालकर उछालते हुए अच्छी तरह मिला लें.

7 गरमागरम परोसें.

चिकन दूध बिरयानी

सामग्री

½ किलोग्राम हड्डी सहित चिकन, 1½ इंच के टुकड़े किए हुए
1 कप दूध
1½ कप बासमती चावल, भिगोए हुए
3 मध्यम आकार के प्याज़
तेल, तलने के लिए
1 कप पानी निकाला हुआ दही (चक्का)
2 छोटे चम्मच अदरक पेस्ट
2 छोटे चम्मच लहसुन पेस्ट
½ बड़ा चम्मच लाल मिर्च पाउडर
नमक स्वादानुसार
3 बड़े चम्मच घी
½ छोटा चम्मच जीरा
3 छोटी इलायची
1 इंच दालचीनी
5 लौंग
5 काली मिर्चें
10–12 काजू
3 मध्यम आकार के टमाटर, कटे हुए
½ बड़ा चम्मच धनिया पाउडर
¾ छोटा चम्मच भूने हुए जीरे का पाउडर
थोड़े से केसर के रेशे
1 कप क्रीम
10–12 किशमिश

विधि

1 दो प्याज़ की फांकें कर लें और बाकी बचे प्याज़ बारीक काट लें. एक नॉन-स्टिक कड़ाही में तेल गरम करें. इसमें प्याज़ की फांकें डालें और उन्हें भूरा होने तक तल लें. निकालकर तेल सोखने वाले कागज़ पर रखें. इसे एक तरफ रख दें.

2 एक बड़े बाउल में दही, एक छोटा चमच अदरक पेस्ट, एक छोटा चम्मच लहसुन पेस्ट, आधा छोटा चम्मच लाल मिर्च पाउडर और स्वादानुसार नमक मिला लें और इस मिश्रण में चिकन को कम से कम आधे घंटे तक मैरिनेट करें.

3 एक नॉन-स्टिक पैन में घी गरम करें. इसमें जीरा डालें और जब उसका रंग बदलने लगे तब इलायची, दालचीनी, लौंग और काली मिर्च डालें. खुशबू उठने तक भूनें.

4 कटा हुआ प्याज़ डालें और तेज़ आंच पर प्याज़ के लाल हो जाने तक भूनें. अब बची हुई अदरक पेस्ट और लहसुन पेस्ट डालकर उन्हें भी लाल होने तक भूनें. काजू डालें और उन्हें सुनहरे भूरे होने तक भूनें. टमाटर डालें.

5 यदि आवश्यक हो तो थोड़ा सा पानी डालें. धनिया पाउडर, भूने हुए जीरे का पाउडर और बची हुई लाल मिर्च पाउडर डालें और तेल छूटने तक भूनें. मैरिनेट किया हुआ चिकन डालें और तेज़ आंच पर तीन से चार मिनट तक पकाएं.

6 एक छोटे बाउल में केसर, क्रीम और दूध मिला लें. इस मिश्रण को पैन में चिकन के ऊपर डाल दें. अब चावल डालें और ढककर पूरी तरह पक जाने तक पकाएं. किशमिश और तले हुए प्याज़ डालकर अच्छी तरह मिला लें. गरमागरम परोसें.

मुंबई बिरयानी

सामग्री

1½ कप बासमती चावल, भिगोए हुए

400 ग्राम हड्डी रहित चिकन, 2 इंच के टुकड़े किए हुए

नमक स्वादानुसार

3 बड़े चम्मच तेल + तलने के लिए

4 बड़े प्याज़, फांकें किए हुए

2 बड़े आलू, चौकोर टुकड़े किए हुए

1½ छोटे चम्मच लहसुन की पेस्ट

2 मध्यम आकार के टमाटर, कटे हुए

2 छोटे चम्मच भूने हुए जीरे का पाउडर

2 छोटे चम्मच लाल मिर्च पाउडर

½ छोटा चम्मच हल्दी

1 इंच अदरक, पतली पट्टियों में कटा हुआ

1 कप दही

कुछ बूंदें केवड़े का एसेंस

1 बड़ा चम्मच गरम मसाला

विधि

1 चावल निथार लें और नमक वाले चार कप पानी में उन्हें तीन-चौथाई पकने तक पका लें. निथार कर अलग रख दें.

2 एक नॉन-स्टिक कड़ाही में पर्याप्त मात्रा में तेल गरम करें. इसमें प्याज़ की तीन-चौथाई फांकें डालें और उन्हें सुनहरी होने तक तल लें. निकालकर तेल सोखने वाले कागज़ पर रखें.

3 इसी तेल में आलुओं को भी हल्का भूरा होने तक तल लें. निकालकर तेल सोखने वाले कागज़ पर रखें.

4 एक गहरे नॉन-स्टिक पैन में तीन बड़े चम्मच तेल गरम करें. इसमें बचा हुआ प्याज़ और लहसुन पेस्ट डालकर हल्के भूरे होने तक भूनें. टमाटर डालें और तेल छूटने तक पकाएं.

5 फिर इसमें चिकन, भूने हुए जीरे का पाउडर, लाल मिर्च पाउडर और हल्दी डालकर पांच से छह मिनट तक चलाएं. पर्याप्त पानी डालें ताकि चिकन उसमें डूब जाए. अब इसे धीमी आंच पर तीन-चौथाई पक जाने तक पकाएं.

6 फिर आलू, अदरक की पट्टियां, दही और नमक डालकर और पांच मिनट तक पकाएं.

7 पकाए हुए चावलों को चिकन के टुकड़ों के ऊपर फैला दें. उसके ऊपर तले हुए प्याज़ फैलाएं. केवड़े का एसेंस और गरम मसाला डालें. ढककर मध्यम आंच पर बीस मिनट तक पकाएं.

8 रायते के साथ गरमागरम बिरयानी परोसें.

गोली बिरयानी

सामग्री

600 ग्राम चिकन का क़ीमा
1½ कप बासमती चावल
1 किलोग्राम चिकन की हड्डियां
2 तेज पत्ते
नमक स्वादानुसार
2 इंच अदरक
1½ कप दही
40 ग्राम कटा हुआ ताज़ा हरा धनिया
40 ग्राम कटा हुआ ताज़ा पुदीना
1 छोटा चम्मच लाल मिर्च पाउडर
½ छोटा चम्मच हल्दी
7–8 केसर के रेशे
½ कप दूध
3–4 हरी मिर्चें, बारीक कटी हुई
½ कप घी
1 छोटा चम्मच जीरा
2 जावित्री के टुकड़े
6–8 छोटी इलायची
6–8 लौंग
2 मध्यम आकार के प्याज़, फांकें किए हुए
6–8 लहसुन की कलियां, पीसकर पेस्ट की हुई
2 बड़े चम्मच धनिया पाउडर
2 छोटे चम्मच गरम मसाला

विधि

1 चिकन की हड्डियां धोएं और उन्हें देढ़ लीटर पानी में बीस मिनट तक उबालें. निथारकर एक तरफ रख दें.

2 चावल को आधे घंटे तक भिगोकर रखें. फिर निथार लें. चिकन स्टॉक में तेज पत्ता और नमक डालकर इसमें चावल को लगभग पक जाने तक पकाएं. चावल निथार लें और स्टॉक को संभाल कर रखें.

3 आधे अदरक की पतली पट्टियां काट लें और बाकी बचे आधे अदरक की पेस्ट बना लें.

4 दही को अच्छी तरह फेंट लें. आधे कप दही में दो बड़े चम्मच कटा हुआ हरा धनिया और दो बड़े चम्मच कटा हुआ पुदीना मिला लें.

5 बचे हुए दही में लाल मिर्च पाउडर और हल्दी मिला दें. इसे एक तरफ रख दें.

6 केसर को गरम दूध में भिगोकर एक तरफ रख दें. चिकन के क़ीमे में नमक, दो बड़े चम्मच कटा हुआ हरा धनिया, आधी हरी मिर्चें और अदरक डालकर अच्छी तरह मिला लें. इस मिश्रण को आधे घंटे तक फ्रिज में रख दें.

7 चिकन के मिश्रण के अखरोट के आकार के गोले बना लें. दो बड़े चम्मच घी पिघलाएं और उसमें इन गोलों को हल्के से भून लें. निकालकर एक तरफ रख दें.

8 एक नॉन-स्टिक पैन में बचा हुआ घी गरम करें. इसमें जीरा, जावित्री, इलायची और लौंग डालें.

9 प्याज़ डालकर उसे भूरा होने तक भूनें. फिर अदरक पेस्ट, लहसुन पेस्ट और बची हुई हरी मिर्चें डालें.

10 धनिया पाउडर डालें. लाल मिर्च पाउडर और हल्दी वाला दही डालें.

11 अब चिकन के गोले, एक कप स्टॉक और स्वादानुसार नमक डालें. ग्रेवी गाढ़ी हो जाने तक पकाएं.

12 अवन को 240^{0}C/475^{0}F/गैस मार्क 9 पर पहले से ही गरम कर लें.

13 एक माइक्रोवेव सेफ बाउल लें. इसकी तली में चिकन के आधे गोलों की एक परत बिछा दें. इसके ऊपर पकाए हुए आधे चावलों की परत बिछा दें. इस पर थोड़ा सा हरे धनिये और पुदीने वाला दही डालें.

14 दही के मिश्रण के ऊपर आधा गरम मसाला, अदरक की पट्टियां और केसर मिला दूध डालें.

15 इसी तरह से परतें बिछाते जाएं जब तक कि चिकन के गोले, चावल और दही खत्म न हो जाए.

16 सबसे ऊपर की परत चावल की होनी चाहिए. इसके ऊपर केसर वाला दूध, गरम मसाला और अदरक की पट्टियां डालें. इसे एक गीले कपड़े से ढक दें. ढक्कन लगाकर माइक्रोवेव सेफ बाउल को अच्छी तरह बंद कर दें.

17 इसे पहले से गरम किए हुए अवन में पंद्रह से बीस मिनट तक पकाएं. फिर तापमान कम करके उसे 220^{0}C/425^{0}F/गैस मार्क 7 पर सेट कर दें और बिरयानी को और पांच से दस मिनट तक पकाएं. रायते के साथ गरमागरम गोली बिरयानी परोसें.

लखनवी चिकन बिरयानी

सामग्री

500 ग्राम हड्डी सहित चिकन, 1½ इंच के टुकड़े किए हुए
1½ कप बासमती चावल, भिगोए हुए
1 बड़ा चम्मच अदरक पेस्ट
1 बड़ा चम्मच लहसुन पेस्ट
1 छोटा चम्मच हरी मिर्च पेस्ट
1 बड़ा चम्मच धनिया पाउडर
1 बड़ा चम्मच जीरा पाउडर
1 छोटा चम्मच गरम मसाला
1 छोटा चम्मच छोटी इलायची पाउडर
नमक स्वादानुसार
1 कप दही
2 बड़े चम्मच तेल
1 तेज पत्ता
4 लौंग
2 छोटी इलायची
1 बड़ी इलायची
5 कप चिकन स्टॉक (पृष्ठ क्र. 15)
थोड़े से केसर के रेशे
1 बड़ा चम्मच दूध
2 बड़े चम्मच घी
1 छोटा चम्मच शाही जीरा

1 इंच अदरक, पतली पट्टियों में कटा हुआ
¾ कप प्याज़ की फांकें, तली हुई
½ कप कटा हुआ ताज़ा पुदीना
2 बड़े चम्मच कटा हुआ ताज़ा हरा धनिया
1 छोटा चम्मच केवड़े का एसेंस
1 छोटा चम्मच गुलाब जल

विधि

1 चिकन के टुकड़ों को अदरक पेस्ट, लहसुन पेस्ट, हरी मिर्च पेस्ट, धनिया पाउडर, जीरा पाउडर, गरम मसाला, इलायची पाउडर, नमक और दही के मिश्रण में लगभग आधे घंटे तक मैरिनेट करें.

2 एक नॉन-स्टिक पैन में दो बड़े चम्मच तेल गरम करें. इसमें तेज पत्ता, लौंग, छोटी इलायची और बड़ी इलायची डालकर आधे मिनट तक चलाएं.

3 चावल डालें और एक मिनट तक भूनें. चिकन स्टॉक डालकर एक उबाल लाएं.

4 आंच कम कर दें और चावलों को तीन चौथाई पक जाने तक पकाएं. फिर निथार लें.

5 केसर को दूध में भिगोएं. मोटे पैंदे वाले नॉन-स्टिक पैन में घी गरम करें. इसमें शाही जीरा डालें और कुछ सेकंड तक भूनें.

6 अब इसमें मैरिनेट किया हुआ चिकन डालें और तीन से चार मिनट तक या आधा पक जाने तक पकाएं.

7 पैन को आंच पर से उतार लें. चिकन के टुकड़ों पर चावल फैला दें.

8 अब इस पर केसर वाला दूध, अदरक की पट्टियां, तला हुआ प्याज़, कटा हुआ पुदीना, कटा हुआ हरा धनिया और केवड़े का एसेंस व गुलाब जल डालें.

9 ढककर इसे दम पर पंद्रह से बीस मिनट तक पकाएं.

10 अपनी पसंद के रायते के साथ गरमागरम लखनवी चिकन बिरयानी परोसें.

नोट

दम पर पकाने का अर्थ होता है बिना पानी डालें धीमी आंच पर पकाना. पैन या हांड़ी पर ढक्कन लगाया जाता है और उसे गेहूं के साने हुए आटे से बंद कर दिया जाता है. पैन को जलते हुए अंगारों या एकदम धीमी आंच पर रखा जाता है. गरमी के कारण पैन के अंदर भाप बनती है जो पैन की दीवारों से टकराती है और फिर संघनित होकर व्यंजन में चली जाती है. दूसरे शब्दों में यह कह सकते हैं कि भाप को उड़ने से पहले ही बर्तन में बंद कर लिया जाता है. इसे 'दम पुख़्त' कहते हैं. कभी-कभी दम पर पकाते समय पैन के ढक्कन पर भी कोयले के टुकड़े रखे जाते हैं ताकि आंच सब तरफ से समान रूप से मिल सके.

बेसिक रेसिपीज़

नारियल का दूध : 1 कप कद्दूकस किए हुए नारियल को ब्लेंडर में ¼ कप गरम पानी डालकर पीस लें. पिसे हुए नारियल को मलमल के कपड़े या छलनी में से अच्छी तरह दबाते हुए छान लें. इस तरह नारियल का सारा रस या पहला (गाढ़ा) दूध बर्तन में इकट्ठा हो जाएगा. अब नारियल के बूरे में फिर से ¼ कप गरम पानी डालें और छानकर दूसरा या पतला दूध प्राप्त कर लें.

हरी चटनी : 1 कप ताज़े हरे धनिये, ½ कप ताज़े पुदीने, 2–3 हरी मिर्चें, स्वादानुसार काले नमक, ¼ छोटा चम्मच शक्कर और 1 बड़ा चम्मच नींबू के रस को पीसकर चिकनी पेस्ट बना लें. आवश्यक हो तो पीसते समय थोड़ा सा पानी डालें.

पुदीने की चटनी : 5 कप पुदीने की पत्तियां, 3 कप हरे धनिये, 10 हरी मिर्चों, 3 प्याज़ और 3 इंच अदरक के टुकड़े को पीसकर चिकनी पेस्ट बना लें. आवश्यक हो तो पीसते समय थोड़ा पानी डालें. अब इसमें 1 बड़ा चम्मच नींबू का रस, नमक और स्वादानुसार पिसा अनारदाना डालें.

इमली का पल्प : 75 ग्राम इमली को 100 मिली गरम पानी में 10–15 मिनट तक भिगोएं. पीसकर चिकनी पेस्ट बना लें और फिर उसे छान लें ताकि रेशे निकल जाएं. हवाबंद डिब्बे में भरकर फ्रिज में रखें.

शब्दावली

English	हिन्दी
Asafoetida	हींग
Bay leaf	तेज पत्ता
Bengal gram, split	चना दाल
Black cardamom	बड़ी इलायची
Black peppercorns	काली मिर्च
Caraway seeds	शाही जीरा
Carom seeds	अजवाइन
Chicken legs	मुर्ग़ टंगड़ी
Chicken wings and shoulder	पंखरी
Chicken, boneless	हड्डी-रहित मुर्ग़
Chicken, mince	मुर्ग़ क़ीमा
Chickpeas	काबुली चने
Chillies, red button	बोर मिर्ची
Cinnamon	दालचीनी
Cloves	लौंग
Cudpahnut	चिरोंजी

English	हिन्दी
Dried fenugreek leaves	कसूरी मेथी
Green cardamom	छोटी इलायची
Mace	जावित्री
Melon seeds	तरबूज के मग़ज़
Nutmeg	जायफल
Olive	जैतून
Peas, fresh green	ताज़े हरे मटर
Pomegranate seeds, dried	अनारदाना
Poppy seeds	खसखस
Raisins	किशमिश
Screw pine	केवड़ा
Shallots	सांबर प्याज़
Star anise	चक्री फूल/बादियान
Vinegar	सिरका
White Peppercorns	सफ़ेद मिर्च